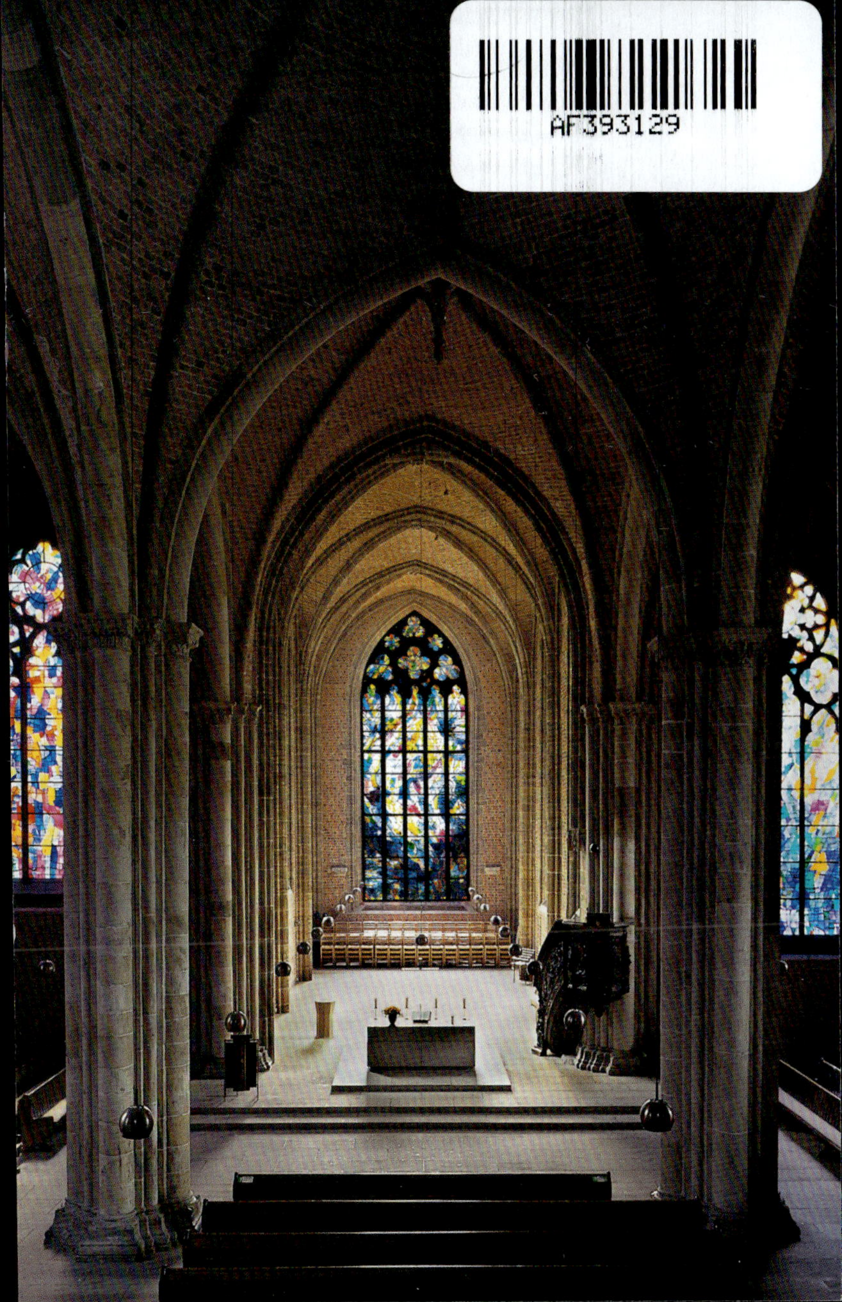
AF393129

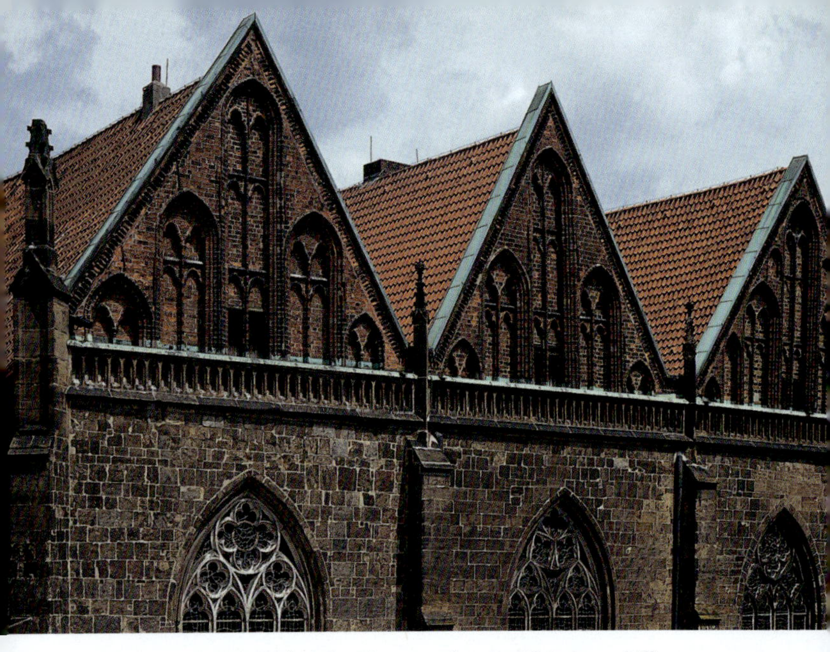

▲ *Giebel über dem angebauten Südseitenschiff*

nach dieser Teilung der Stadt in vier Pfarrbezirke für Unser Lieben Frauen einen Neubau betrieb, zu dem er Werkleute, die er bereits am Dom beschäftigt hatte, bereitstellte.

Die aus drei mal drei Jochen gebildete Halle wurde ursprünglich in der Art einer bischöflichen Palastkapelle errichtet. Sie wandelte sich durch den Anbau eines vierten Kirchenschiffs an der Südseite. Der Hauptzugang wurde nach 1300 von Westen nach Süden verlegt, und etwa gleichzeitig erfolgte eine bedeutende Vergrößerung des Chores. Die Kirche wurde in dieser Zeit die Ratskirche.

Nachdem es im November 1522 in einer Kapelle der Ansgariikirche zu evangelischen Predigten gekommen war, berief die Gemeinde von Unser Lieben Frauen 1524 mit *Jacob Probst* (1486–1562) einen evange-lischen Prediger, der die erste Pfarrfrau in Bremen einführte und 1525 mit der Aufstellung einer »Gotteskiste« den Grundstein für die **Diakonie**

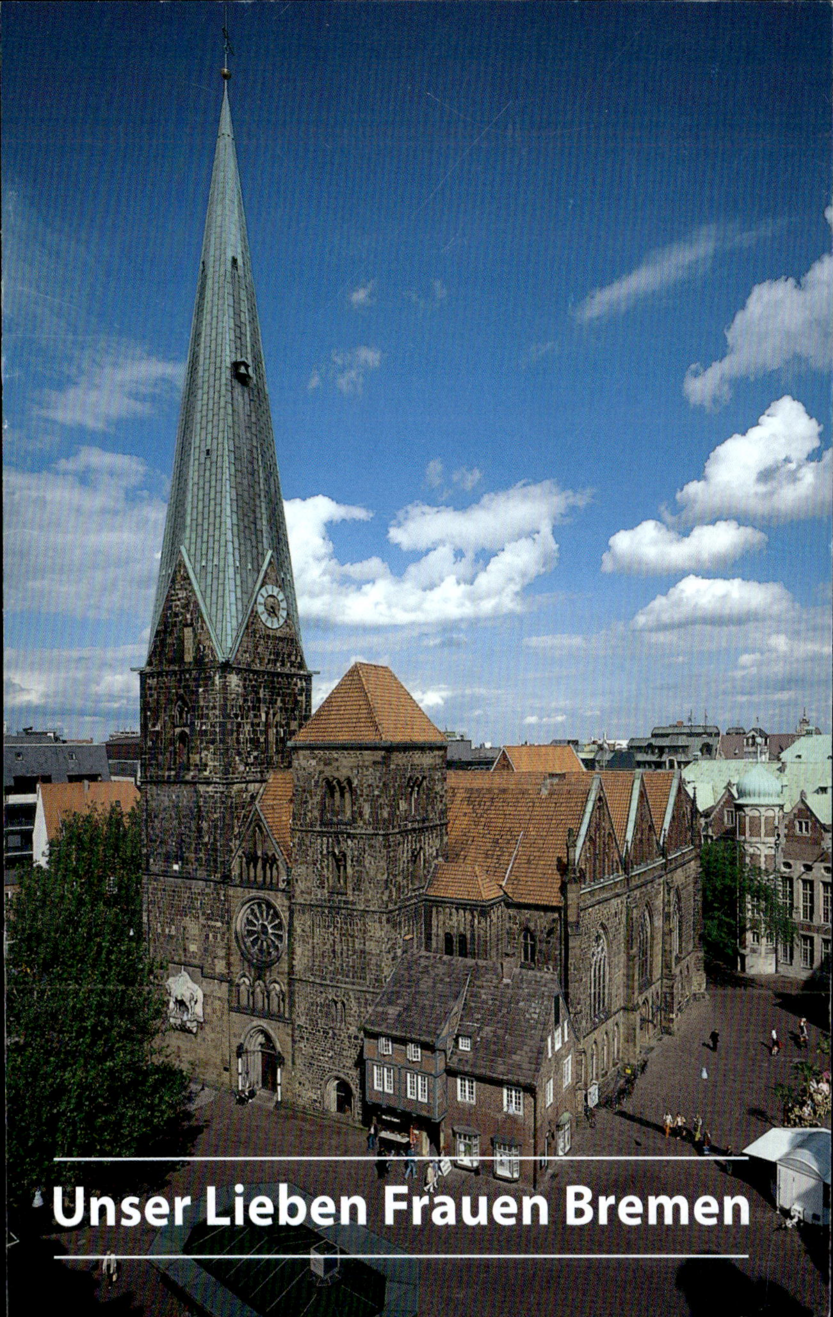
Unser Lieben Frauen Bremen

Unser Lieben Frauen in Bremen

von Hans-Christoph Hoffmann

Die Geschichte

Unser Lieben Frauen ist die **älteste Pfarrkirche in Bremen**. Gegründet wurde sie durch Erzbischof *Unwan* (1012–1029) zur geistlichen Betreuung der Bewohner der vor der erzbischöflichen Domburg gebildeten Kaufmannssiedlung. Nach gesicherter Überlieferung war sie aus dem Holz »heiliger Haine« gebaut worden, heidnischer Kultstätten also, die es nach zweihundert Jahren Christianisierung außerhalb der wenigen Kirchorte noch gegeben hat. Sie war dem heiligen Veit, dem Patron des Klosters Corvey, aus dem mehrere der frühen bremischen Bischöfe und Erzbischöfe stammten, geweiht.

Um das Jahr 1100 erfuhr diese Kirche eine erste Erweiterung, indem vor ihrer Westfront ein steinerner Turm errichtet wurde, der sich nach außen mit einem großen Portal und nach innen mit einem weiten Bogen öffnete. Nicht viel später wurde an der Nordseite der Kirche ein zweigeschossiges Beinhaus angebaut, dessen Untergeschoss sich als **St. Veit-Kapelle** bis heute erhalten hat.

Im 12. Jahrhundert erfolgte der Bau einer dreischiffigen Basilika, die bereits die Maße der späteren Hallenkirche vorgab. Hierfür wurde der oberirdische Teil des Beinhauses abgebrochen und dessen Keller überbaut. Mit der Vollendung dieses Baus könnte die Änderung des Patroziniums zu Maria, der Gottesmutter, einhergegangen sein, doch wird erstmals 1220 dieses Marienpatronat angesprochen.

1229 teilte Erzbischof *Gerhard II.* die für die Betreuung durch eine einzige Pfarre zu groß gewordene Ansiedlung in vier Kirchspiele: Neben Unser Lieben Frauen, der ehemaligen St. Veit-Kirche, erhielten St. Ansgarii und St. Martini sowie vor der Stadt St. Stephani Pfarrrechte. Der Pfarrbezirk von Unser Lieben Frauen war nun zwar der kleinste, durch seine Lage am Markt aber von zentraler Bedeutung. Nach heutigem Forschungsstand muss es derselbe Erzbischof gewesen sein, der bald

Blick in den Innenraum nach Osten ▶

legte, ein Kollegium ehrenamtlich tätiger Gemeindemitglieder. In ihren Händen lag für mehr als drei Jahrhunderte die Versorgung der Armen des Kirchspiels. Probst schuf als erster Superintendent 1534 auch die erste Kirchenordnung lutherischer Richtung in Bremen, in der unter anderem das Amt der Diakone allen Gemeinden anempfohlen wurde.

Als Ratskirche wurde Unser Lieben Frauen durch die von Mitgliedern des Rates aktiv geförderte »zweite Reformation« besonders erfasst. Bremen schloss sich damals dem reformierten Bekenntnis nach Calvin an. Dieses prägte für mehrere Jahrhunderte das Gemeindeleben und wirkt mit dem Bestehen auf größter Unabhängigkeit der Einzelgemeinde in Lehre und Bekenntnis und einem unbedingten demokratischen Grundverständnis bis heute nach. Das zeigte sich auch während des »Dritten Reichs«, als sich die Gemeinde als »Bekennende Gemeinde« der deutsch-christlichen Bewegung erwehren konnte.

Baugeschichte, Baubestand

Unser Lieben Frauen ist eine zweitürmige **Hallenkirche** mit drei Kirchenschiffen. Diese bestehen jeweils aus drei Jochen. Das Mittelschiff mündet in einen langgestreckten Chor mit geradem Abschluss. Im Süden schließt sich ein viertes, im unteren Geschoss abgeteiltes Schiff an. Nachdem von dem ersten, noch aus Holz errichteten Bau nichts erhalten ist, ist der um 1100 errichtete **Südturm** der älteste Teil der Kirche. Er ist zum größten Teil aus Granitfindlingen errichtet. Gesimse teilen den Turm in vier Geschosse, Blendbogenfriese mit dazu gehörenden Lisenen und gekuppelte Fenster mit eingestellten Säulen und Würfelkapitellen gliedern ihn. Ursprünglich stand der Turm an drei Seiten frei, besaß ein großes Portal und war zum Inneren der Kirche weit geöffnet.

Spärlich sind die Reste des um 1150 aus dem warmtönigen Portastein errichteten Baus, der fortan das äußere Bild der Kirche bestimmte. An der **Nordwand** der heutigen Hallenkirche ist außen und innen Mauerwerk zu erkennen, das gegenüber dem des 13. Jahrhunderts anders strukturiert ist. Auch das Mauerwerk östlich der beiden Rundbogenportale der Nordwand gehörte jenem romanischen Steinbau an. Höhe und Breite der Seitenschiffe zeichnen sich ferner an den die Fenster überwölbenden Sandsteinbögen ab, die an den östlichen Enden der Seitenschiffe als Reste von Apsiden des romanischen Baus erhalten blieben. Weitere Erkenntnisse brachten Ausgrabungen um 1960: Danach hatte es sich bei jenem spätromanischen Bau um eine dreischiffige, sicher flach gedeckte Basilika mit eingezogenem, aus einem Joch bestehendem Chor und drei Apsiden gehandelt. Das Mittelschiff dieser Kirche war fast doppelt so breit wie die Seitenschiffe. Die äußeren Maße der Basilika entsprachen jedoch bereits denen der heutigen Hallenkirche.

Nachdem die Stadt 1229 in vier Sprengel aufgeteilt worden war, erfolgte der Bau der noch heute bestehenden Kirche in Form einer Vierstützenhalle mit neun Jochen, einem zweiten Turm, einem von den Türmen umschlossenen Joch im Westen und einem Chor, der abermals nur aus einem Joch bestand. Damit besitzt die Kirche alle Merkmale einer westfälischen Hallenkirche. Dorthin weisen auch die Formen der kraftvollen Rundstabrippen der französischen Domikalgewölbe und die Ausbildung der Pfeiler mit Halbsäulenvorlagen, Eckdiensten und Kelchblockkapitellen sowie die in einigen Jochen anzutreffenden Ringrippen. Solche Baudetails findet man auch im südlichen Seitenschiff des Doms und bei den Werken einer zuvor in Lippstadt tätigen Bauhütte, die von Erzbischof *Gerhard II.*, der der Familie der *Edelherren von Lippe* entstammte, nach Bremen geholt worden war. Die Art, wie die neun Joche der Halle richtungsfrei voneinander geschieden sind, indem die Scheidbögen alle gleich breit ausgebildet sind, gibt aber auch zu erkennen, dass neben der Idee der Hallenkirche mit gleich hohen Schiffen dem Plan zu dieser Kirche noch eine andere Vorstellung zugrunde gelegen haben muss: der Zentralbau, wie er sich beispielhaft in Palastkapellen, dort meist zweigeschossig, manifestiert hat. Erzbischof *Gerhard II.* war der letzte Erzbischof, der auch über die Stadt Bremen noch Macht auszuüben vermochte und dies möglicherweise durch einen solchen Bau, dessen Gestalt die der anderen Kirchen der Stadt übertraf, zeigte. Der Einsatz heimischer Bauleute, die er nach dem Bau dieser Kirche auch beim Bau der Ägidienkirche in Berne (Weser) eingesetzt hat, deuten auf den großen Einfluss,

  Pfingstfenster von Alfred Manessier, 1966–1973 ▶

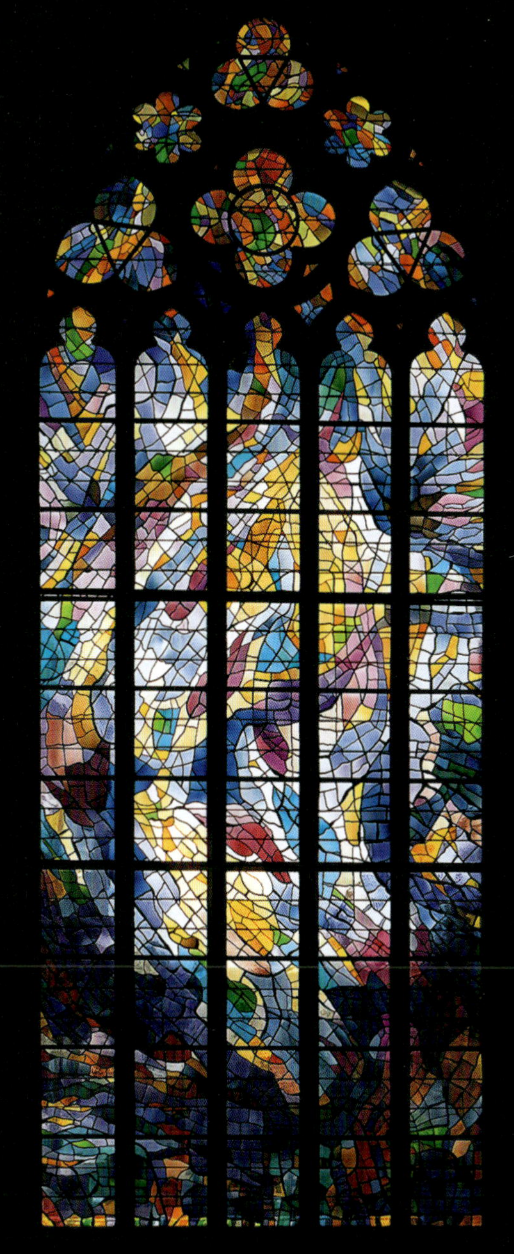

den der Erzbischof beim Bau der neuen Marktkirche genommen haben wird.

In der ersten Hälfte des 14. Jahrhunderts kam es zu einschneidenden Veränderungen, die das Bild der Kirche bis heute bestimmen. Der Chor wurde um zwei Joche erweitert und im Süden ein zusätzliches Seitenschiff angebaut. Verbunden damit war die Verlegung des Haupteingangs auf die Südseite und die Vergrößerung der Fenster, die nun reiches Maßwerk erhielten. Der untere Raum im Nordturm wurde zur **Tresekammer** (Archiv) für die wertvollsten Urkunden der Stadt umgebaut. Von da an war Unser Lieben Frauen neben ihrer Funktion als Pfarrkirche auch die **Ratskirche** der Stadt. Dieser Wandel zu einer Bürgerkirche wird auch erkennbar an der Ausbildung der drei reich durch spitzbogige Blendnischen gegliederten Giebel aus roten und dunkel glasierten Ziegeln, wie sie an vornehmen Bürgerhäusern der Zeit nur wenig einfacher auftraten. Mit dem Bau der Giebel ging auch die Errichtung der drei über die ganze Breite der Kirche reichenden Querdächer einher.

Kein Teil der beweglichen mittelalterlichen Ausstattung hat den Bildersturm von 1582 und die folgende calvinistische Phase in der Geschichte dieser Kirche überstanden. Um 1686 entstand das **Marmor-Epitaph für Dietrich von Büren** [1] aus der Ratsherrenfamilie, die Bremen dem Calvinismus zugeführt hatte. Das in der Art des flämischen Barock gestaltete Werk ist eine Arbeit des dänischen Bildhauers *David Etner*, der in der Werkstatt des *Jürgen Jüngeling Wwe* gearbeitet hatte. Es zeigt die Auferstehung des Jünglings von Nain und hängt an der inneren Westwand des Nordschiffs.

Wenig später, 1709, stifteten der Bauherr (so der bis heute übliche Titel der Gemeindeleiter) *Simon Post* und seine Ehefrau *Engel*, geb. *Vagt*, die **Kanzel** [2]. Sie ist eine der schönsten Schnitzarbeiten in Bremen und wird einem ›Snitger‹ *Gerd Rode* zugeschrieben. Die fünf Kanzelfelder stellen die vier Evangelisten sowie Moses dar, begleitet von sechs weiblichen Tugendfiguren an den Ecken. Den Aufgang ziert weit ausgreifender Akanthus, der von Weinlaub und Blüten durchzogen ist. Bescheidene Reste von Malerei in den Gewölbeflächen bezeugen, dass der heute in rohem Backstein stehende Raum einst verputzt und farbig gestaltet war.

    Kanzel, Gerd Rode zugeschrieben, 1709 ▶

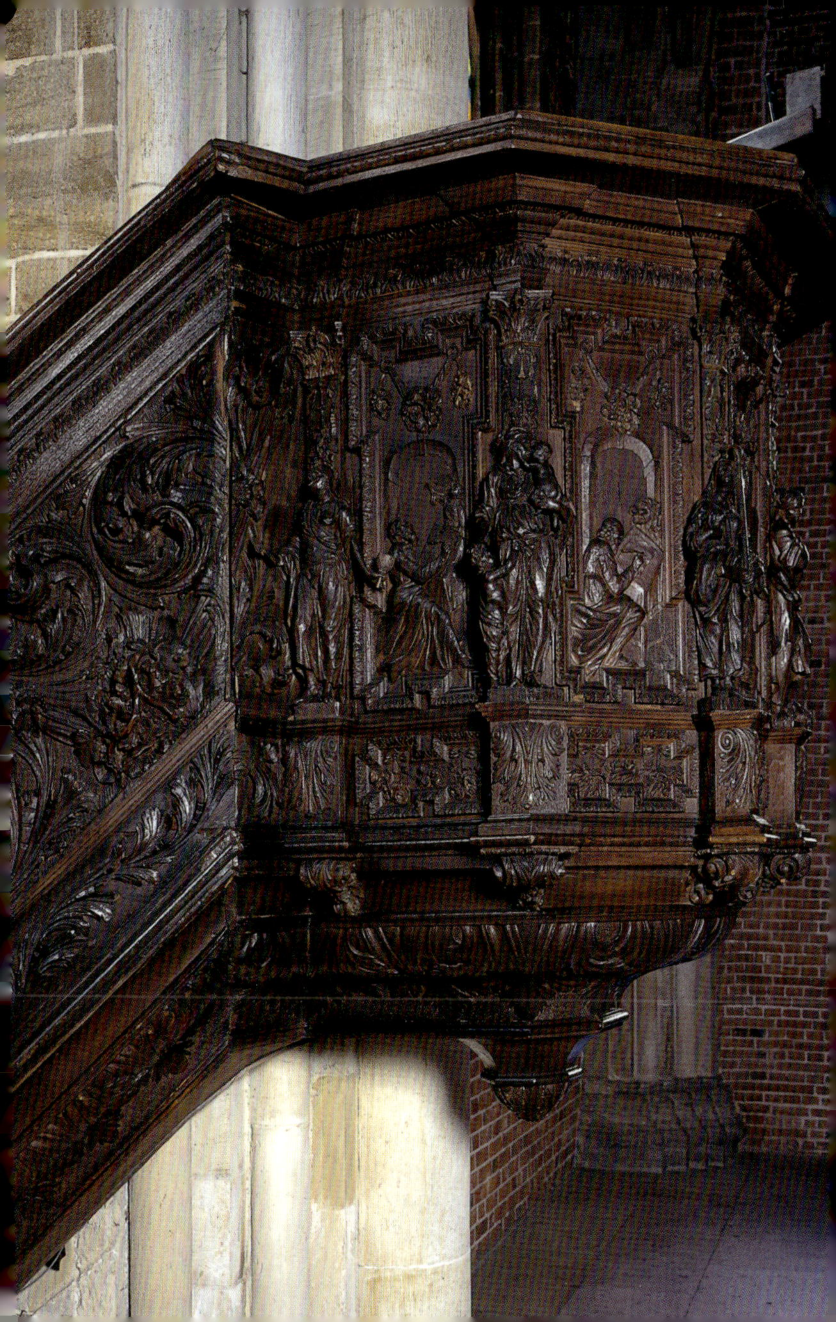

Im 19. und 20. Jahrhundert erfuhr die Kirche spürbare Veränderungen. So wurde 1857 das vierte Kirchenschiff wieder von der Kirche abgetrennt und in zwei Geschosse unterteilt. Durch diese Maßnahme tritt der Charakter der Vierstützenhalle wieder deutlich zutage, auch wenn der Blick noch in den durch die Unterteilung gewonnenen oberen Saal, den Christophorussaal, gleitet. Damals wurde auch eine Hausgruppe, die an die Südfront der Kirche angelehnt war, beseitigt. Es blieb nur der kleine, auf das Jahr 1647 datierte Backsteinbau mit einem Fachwerkteil an der Südwestecke zwischen dem vierten Kirchenschiff und dem Südturm erhalten.

Am Ende des 19. Jahrhunderts wurde dann das mit drei Geschossen hohe Gemeindehaus vor der Westfront abgebrochen. In der Folge erhielt der zwischen den Türmen gelegene Bauteil ein neues Gesicht. Zu ihm gehören ein Gewändeportal, die Fensterrosette und ein gegliederter Giebel. Auf Veranlassung der Stadt Bremen kam 1909 ein **Reiterdenkmal Helmuth von Moltkes** [3] von dem Münchner Bildhauer *Hermann Hahn* hinzu. Seit 1924 war der untere Teil des Nordturms, die frühere Tresekammer, Gedenkstätte für die Gefallenen des Ersten Weltkrieges. 2011 wurde sie durch die Paderborner Glaskünstler *Lönne* und *Neumann* zu einer **Gedenkstätte für die Gefallenen der beiden Weltkriege** [4] umgestaltet. Gläserne Tafeln mit den Namen aller gefallenen Gemeindeglieder sind um die Figur »Ruhender Krieger« gruppiert.

Erst kürzlich wurde die Geschichte der im kleinen Turm befindlichen Glocke, die wegen ihres Alters in keinem der beiden Weltkriege eingeschmolzen wurde, wiederentdeckt. Als 1727 eine aus dem Jahr 1378 stammende Glocke zersprang, stifteten zwei Bauherren die neue Glocke. Einer der Stifter war *Simon Post*, der schon 1709 mit seiner Frau die Kanzel gestiftet hatte.

Im Zweiten Weltkrieg entstanden an der Kirche erhebliche Bombenschäden, denen der große Kirchturm, die Orgel und auch die historistische Verglasung zum Opfer fielen. Die umfassende Restaurierung fand unter der Leitung des Architekten *Dieter Oesterlen* statt. Um die Akustik zu verbessern, wurde der Putz von den Wänden entfernt. Dadurch erreichte man, dass die Kirche zu einem Mittelpunkt im Bremer Musikleben werden konnte.

   Fresko an der Südwand der Veit-Krypta ▶

Die St. Veit-Kapelle

Anfang der 90er Jahre des letzten Jahrhunderts erhielt der ehemalige Beinkeller – die St. Veit-Kapelle – einen Zugang vom nördlichen Kirchenschiff her. Die Kapelle ist der Rest eines um 1100 errichteten Beinhauses oder Karners, dessen oberirdischer Teil bereits dem Bau der romanischen Basilika weichen musste. Es ist ein niedriger, fast quadratischer Raum, der durch vier Kreuzgratgewölbe, die ohne Gurtbögen ineinander übergehen, geschlossen ist. Die Gewölbe ruhen außen auf einfachen Wandvorlagen und in der Mitte auf einem quadratischen Pfeiler. Mehr noch als dieser Mittelpfeiler fällt ein roher Rundpfeiler ins Auge, der das Gewölbe durchstößt und den nordöstlichen Pfeiler der gotischen Halle trägt. Er gibt zu erkennen, dass der Raum unabhängig von der heutigen Kirche entstanden ist.

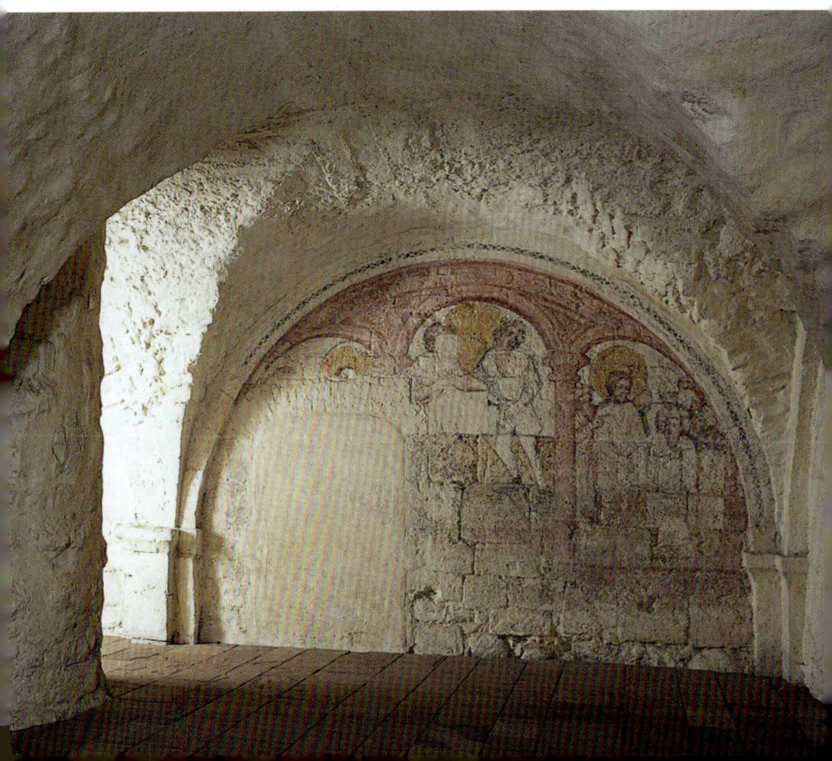

Die langjährige Nutzung als ein dem Totengedenken gewidmeter Raum wird an dem fragmentarischen **Fresko an der Südwand** deutlich. Es stammt aus der Zeit nach 1460, als der Raum von der »Bruderschaft aller Christenseelen im Beinkeller zu Unser Lieben Frauen«, einer Armeseelenbruderschaft, genutzt wurde. Das Wandbild ist durch eine Rundbogenarkade in drei Felder unterteilt. Von den Bildern in diesen Feldern ist jedoch nur das rechte erhalten. Es ist ein Ecce-Homo-Bild nach Johannes 19, 4+5. Zu sehen ist der mit der Dornenkrone gekrönte und gefesselte Christus, der von Pilatus dem Volk vorgeführt wird. Auf dem stark zerstörten mittleren Bild sind nur noch zwei Personen und ein großer Nimbus zu erkennen – es könnte sich um eine Darstellung des ungläubigen Thomas gehandelt haben (Johannes 20, 27–29). Das linke Bild ist durch einen Mauerdurchbruch, wohl für die Anlage einer Grabkammer, zerstört worden, denn nach der Reformation wurde der Raum in Grabkammern unterteilt. Davon blieb der Eingang der für *Emanuel von Koetschau* und seine Frau in der 1. Hälfte des 18. Jahrhunderts errichteten Gruft erhalten.

Die Kirchenfenster

Der schönste Schmuck in dieser ganz auf ihre Architektur zurückgenommenen Kirche sind die farbigen Verglasungen der großen Fenster. Sie wurden 1964 (Beginn der Planung) bis 1979 von dem französischen Maler *Alfred Manessier* (1911–1994) geschaffen und in der Werkstatt von *François Lorin* in Chartres ausgeführt. Es sind abstrakte Glasgemälde, deren Wirkung auf der Dynamik eines mitreißenden Farbspiels beruht. Deshalb kann ein Betrachter sich einfach an dem Reichtum von Farben und der durch sie gegebenen Bewegung erfreuen.

Neben einer solchen rein ästhetischen Betrachtung stehen die Fenster aber auch in einem inhaltlichen Zusammenhang mit ihrem jeweiligen Ort in der Kirche. Bewusst wurde dabei auf die Darstellung konkreter biblischer Geschichten verzichtet. Und doch beziehen sich alle Fenster auf biblische Aussagen.

Bei der Neugestaltung der Kirche wurden Altar, Ambo (Lesepult) und Taufbecken an die Grenze zwischen Chor und Kirchenhalle verlegt.

 Weihnachtsfenster von Alfred Manessier, 1966–1973 ▶

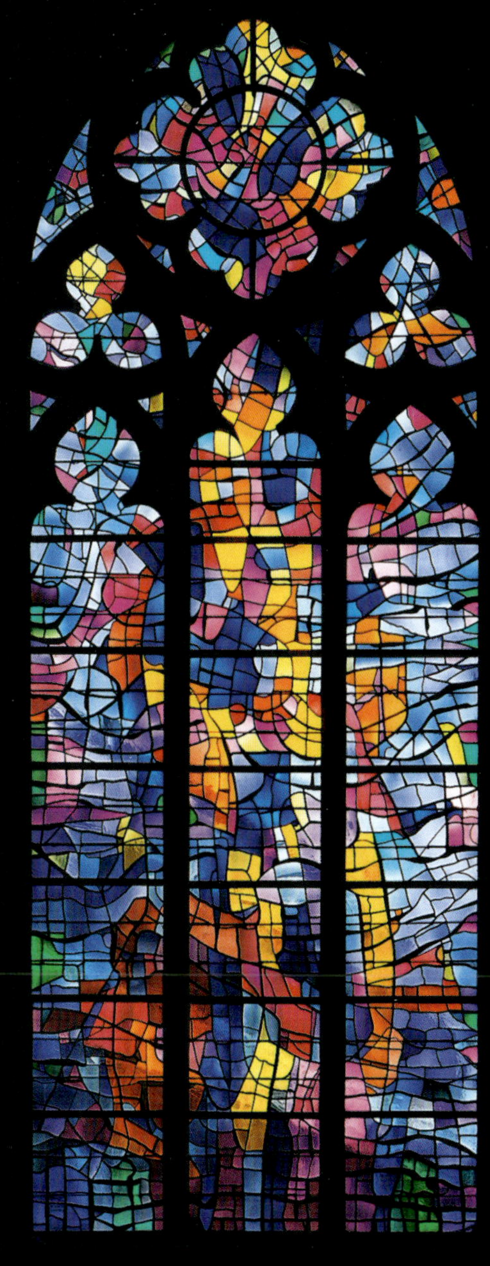

Das liturgische Geschehen rückte damit näher an die versammelte Gemeinde. Dem tragen die drei nach Osten gerichteten Fenster Rechnung: Sie unterstreichen mit ihren Aussagen das liturgische Geschehen.

Dem Betrachter fällt als Erstes das **Pfingstfenster** [5] ins Auge: Vor dem Hintergrund der Apostelgeschichte (Apg. 2) hat Manessier hier eine deutliche Bewegung von oben nach unten in der Gottesfarbe Gelbgold geschaffen, die im unteren Bereich in eine weltliche Vielfarbigkeit mündet. Die seitlichen Fenster im Chor sind dunkel gehalten, um das Strahlen des Hauptfensters zu betonen.

Das **Weihnachtsfenster** [6] links vom Altar bezieht sich auf die Menschwerdung des Wortes Gottes in Christus: »Das Wort ward Fleisch« (Joh. 1,14). Seine Farben sind die klassischen Farben von Kirchenfenstern, nämlich Rot und Blau. Die Mitte ist erfüllt von Marienblau und der Königs-(= Christus)Farbe Rot. Von den Seiten drängen weltliches Grün und Grau heran.

Das Fenster rechts vom Altar ist das **Predigtfenster** [7]. Es steht unter dem Wort »So sind wir nun Botschafter an Christi Statt« (2. Kor. 5, 20). Das Fenster ist geteilt in einen der Kanzel zugewandten rotblauen Bereich mit der Christus- und Marienfarbe und auf der rechten Seite dem Gold des Pfingstfensters. Verbunden werden beide Teile durch zwei zartgrüne Andreaskreuze in der Mitte.

Der gegenüberliegenden **Fensterrosette (Marienfenster)** [8] oberhalb der Orgelempore liegt das Wort aus Lukas 2, 19 zugrunde: »Maria aber behielt alle diese Worte und bewegte sie in ihrem Herzen«. Im Mittelpunkt sehen wir das Blau der Maria – der Namenspatronin der Kirche –, während nach außen hin weltliche und göttliche Farben vorherrschen.

Literatur

Dietmar von Reeken (Hrsg.), Unser Lieben Frauen. Die Geschichte der ältesten Kirchengemeinde Bremens von den Anfängen bis zur Gegenwart, Bremen 2002 (mit Nennung weiterführender Literatur). – Ottmar Hinz (Hrsg.), Licht das singt. Das Bremer Fensterwerk von Alfred Manessier in der Kirche Unser Lieben Frauen, Bremen 2012.

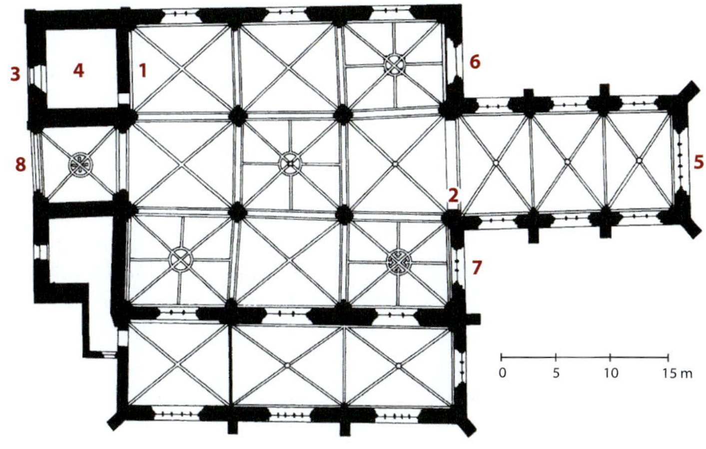

▲ *Grundriss*

1 Epitaph für Dietrich von Büren, um 1696
2 Kanzel, 1709
3 Reiterdenkmal Helmuth von Moltke, 1909
4 Gedenkstätte für die Gefallenen der
  beiden Weltkriege, 2011

  Kirchenfenster von A. Manessier, 1964–1979:
5 Pfingstfenster
6 Weihnachtsfenster
7 Predigtfenster
8 Fensterrosette (Marienfenster)

Unser Lieben Frauen Bremen
U. L. Frauen Kirchhof 27
28195 Bremen

8., von der Gemeinde überarbeitete Auflage
Aufnahmen: Lisa Hammel, Hamburg
Druck: F&W Mediencenter, Kienberg

Titelbild: *Ansicht von Südwesten*
Rückseite: *Detail aus der Kanzel von 1709, in der Mitte Justitia, in den Kanzelfeldern die Evangelisten Lukas (links) und Johannes (rechts)*

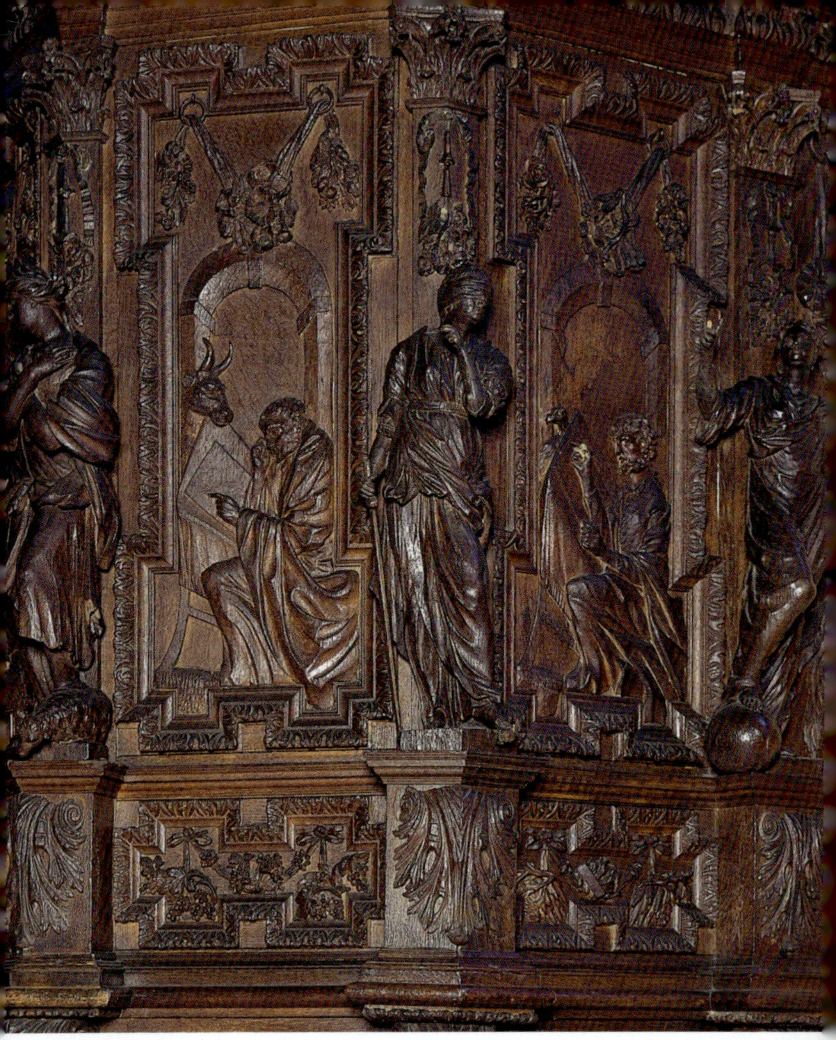

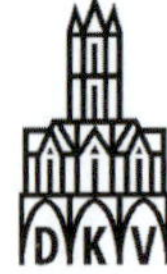

DKV-KUNSTFÜHRER NR. 290
9. Auflage 2025 · ISBN 978-3-422-80384-8
© Deutscher Kunstverlag
Ein Verlag der Walter de Gruyter GmbH
Genthiner Straße 13 · 10785 Berlin
www.deutscherkunstverlag.de

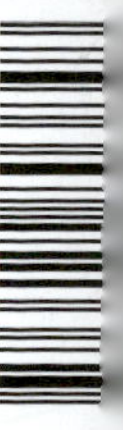